Cats Cats Cats

OF PAINT BOOK

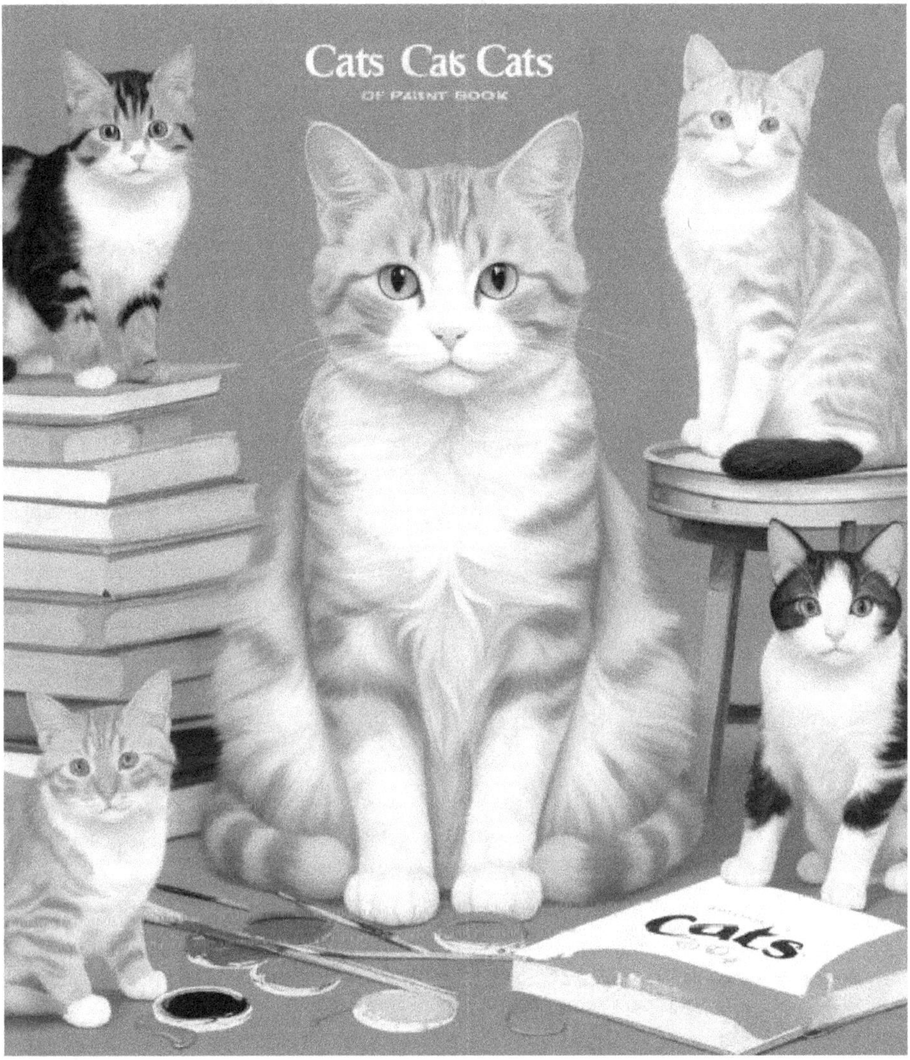

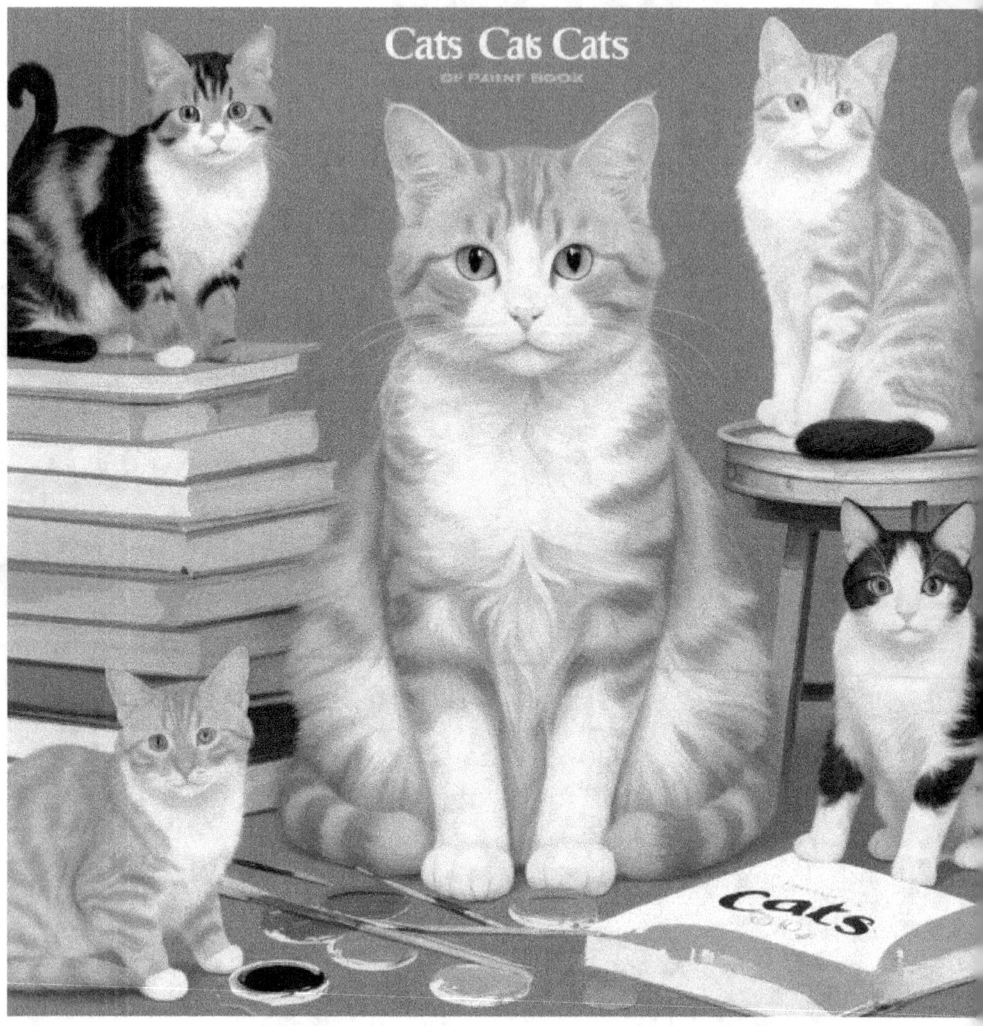

É com imensa alegria que lhe dou as boas-vindas a este livro encantador dedicado aos nossos amigos felinos - os gatos! Aqui, você encontrará uma seleção cuidadosamente escolhida de belas ilustrações prontas para serem preenchidas com suas cores favoritas.

Os gatos, com sua graça, charme e personalidades únicas, inspiram nossa imaginação e nos encantam com suas travessuras diárias. Espero que esta jornada de colorir seja uma fonte de relaxamento, inspiração e alegria. Permita-se embarcar nessa aventura artística, onde cada traço e cada cor transformarão estas páginas em um reino de magia felina.

Agradeço por embarcar nessa jornada conosco e desejo-lhe horas de diversão e tranquilidade enquanto pinta e se encanta com os adoráveis gatos que preenchem este livro.

Divirta-se colorindo!

Com carinho,
Iago Arêdes

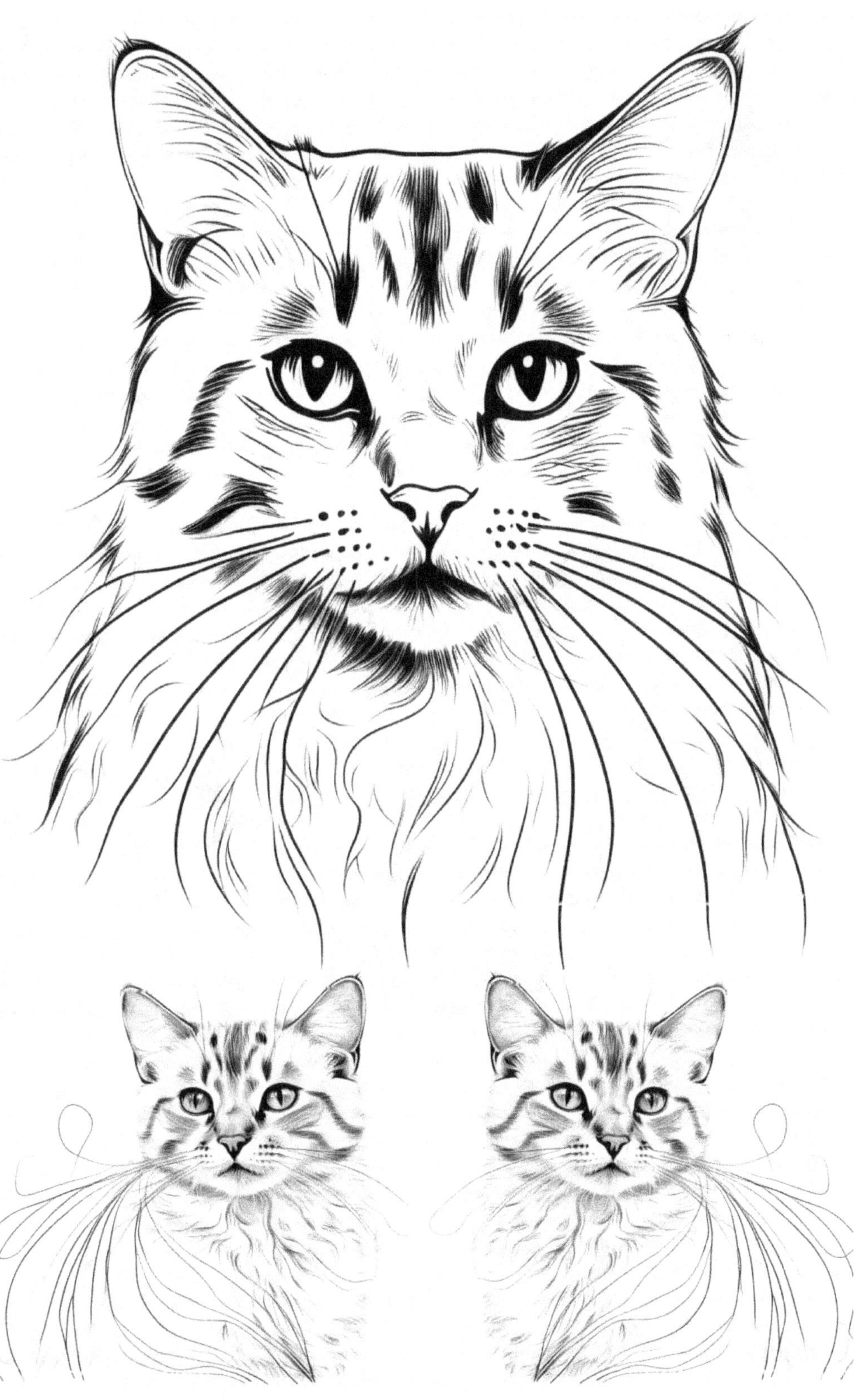

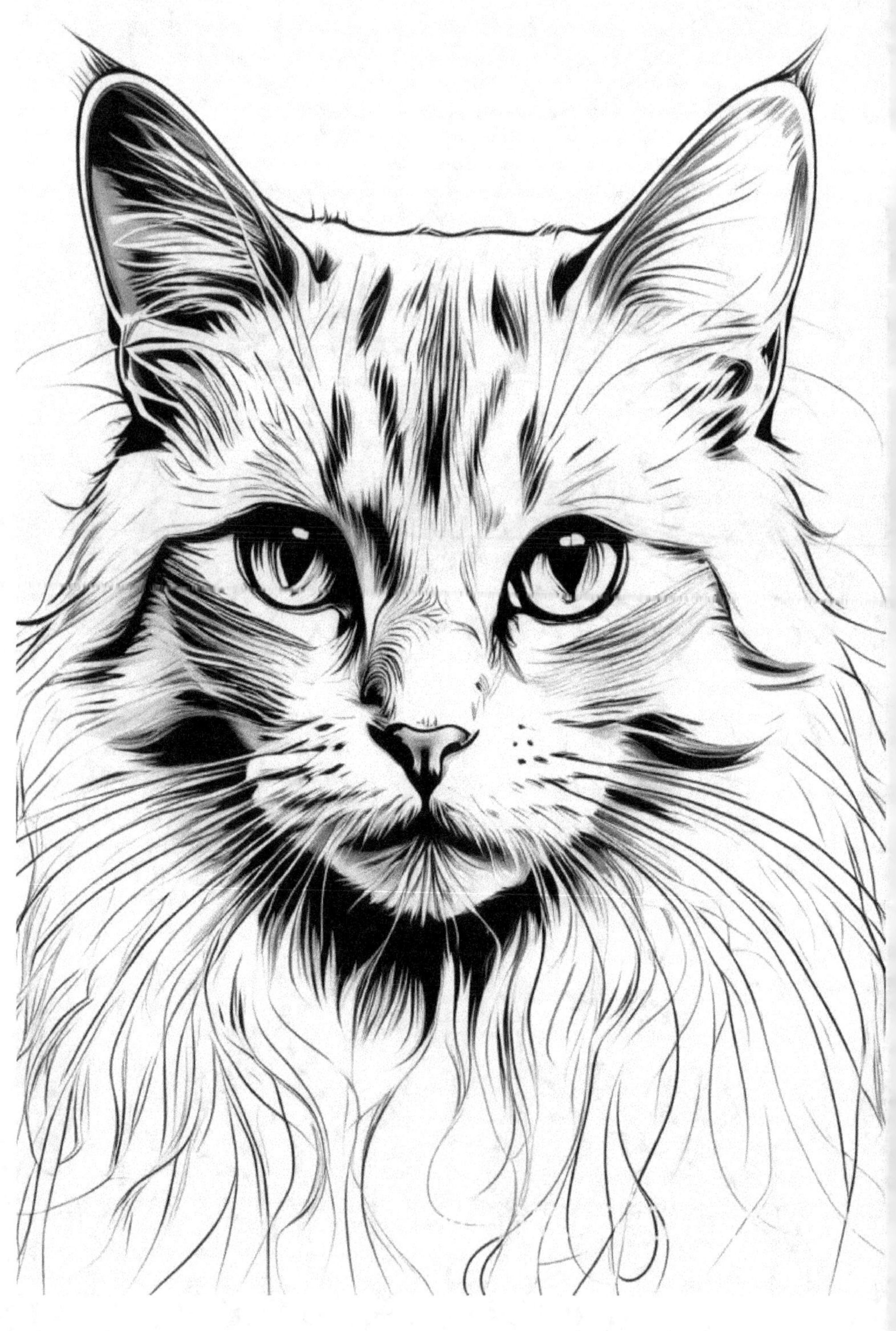

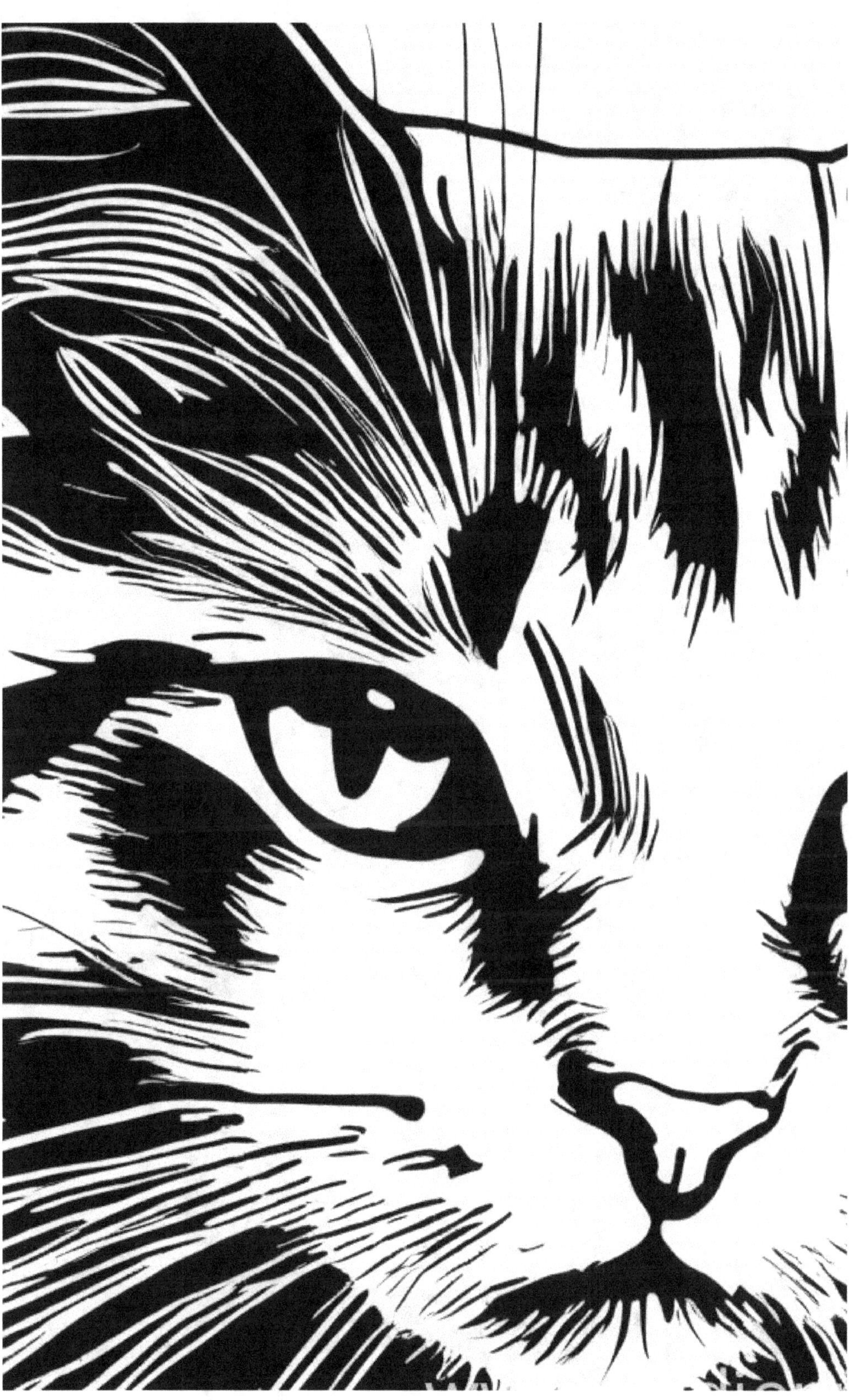

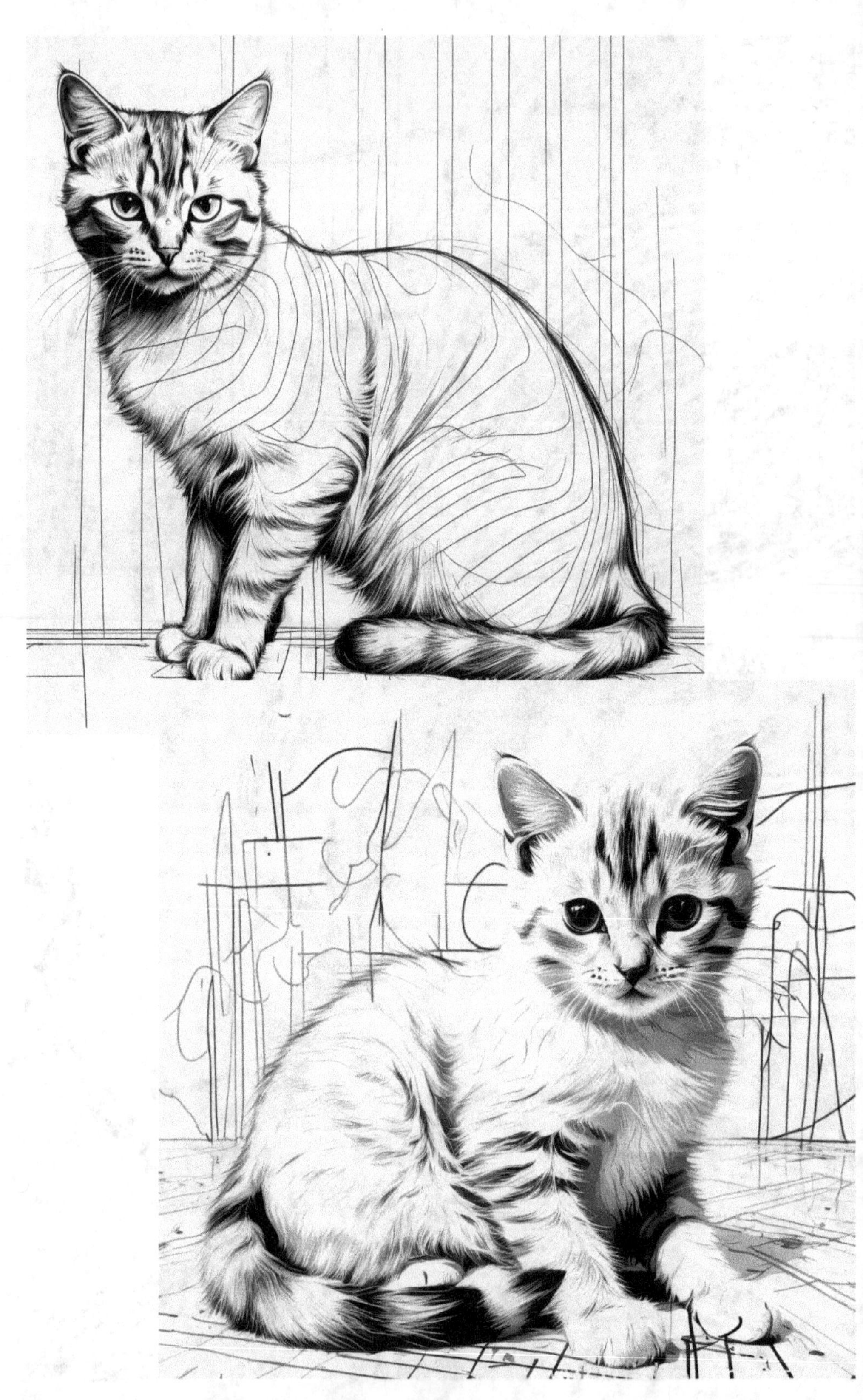

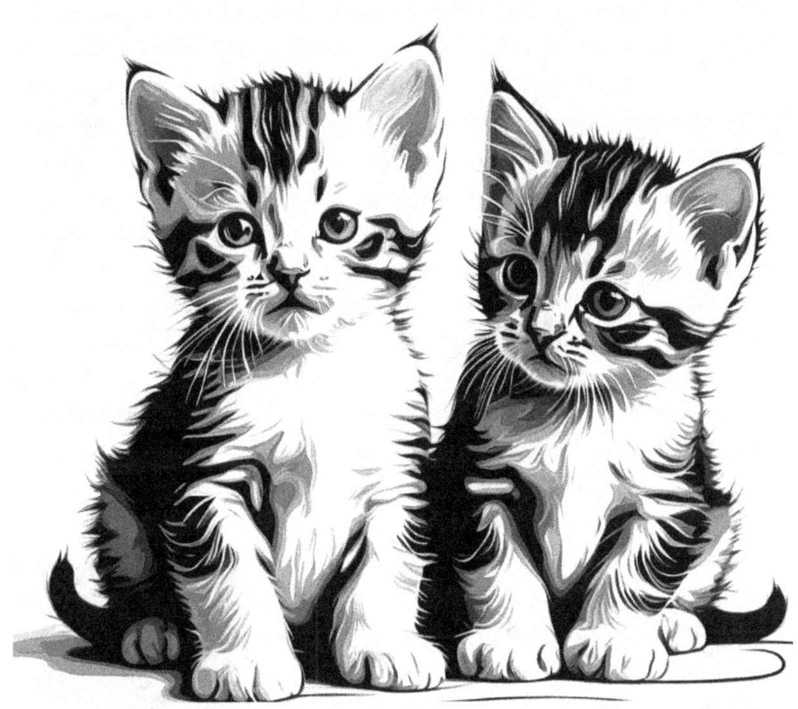

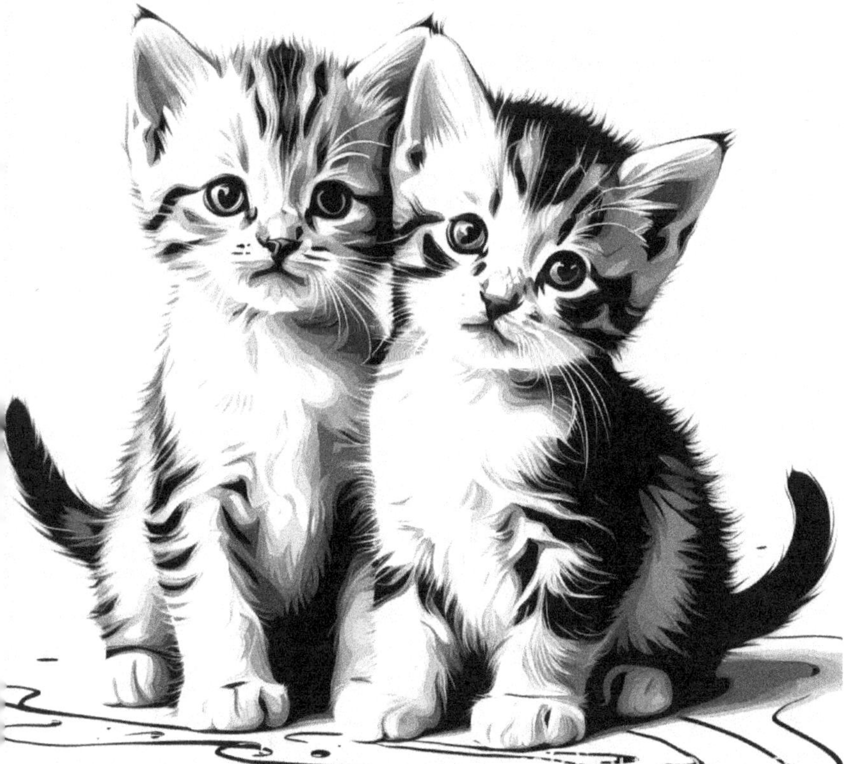

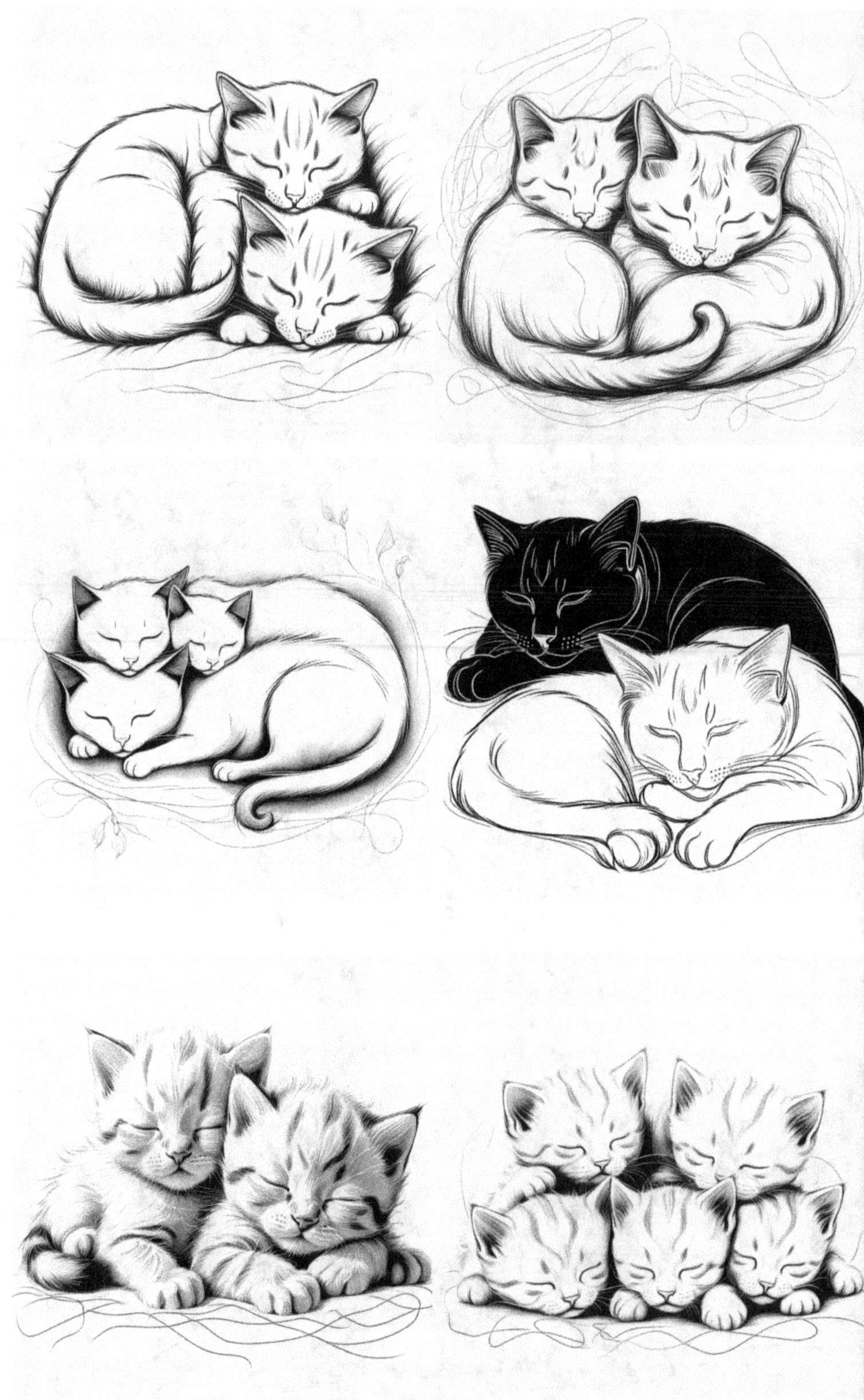

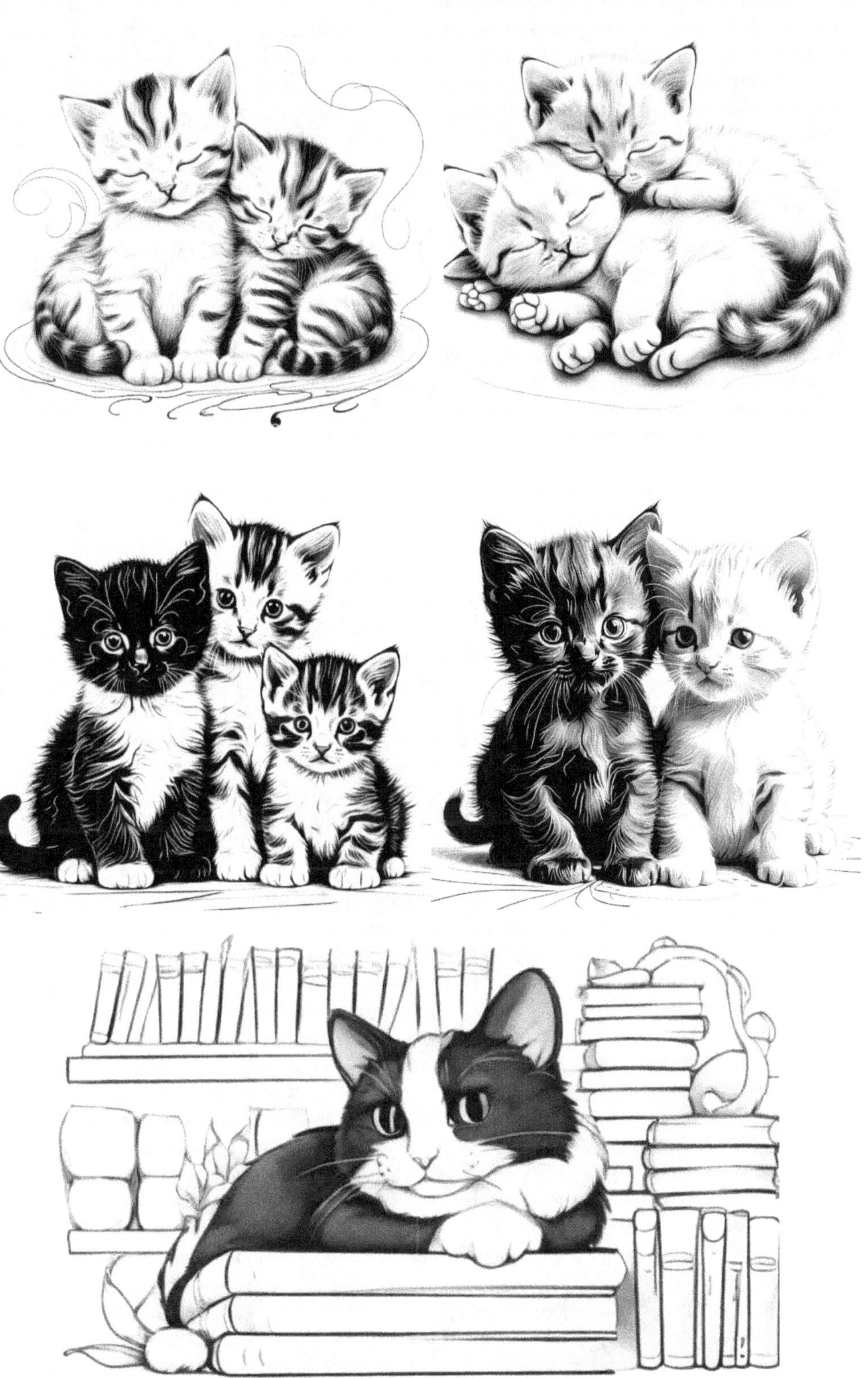

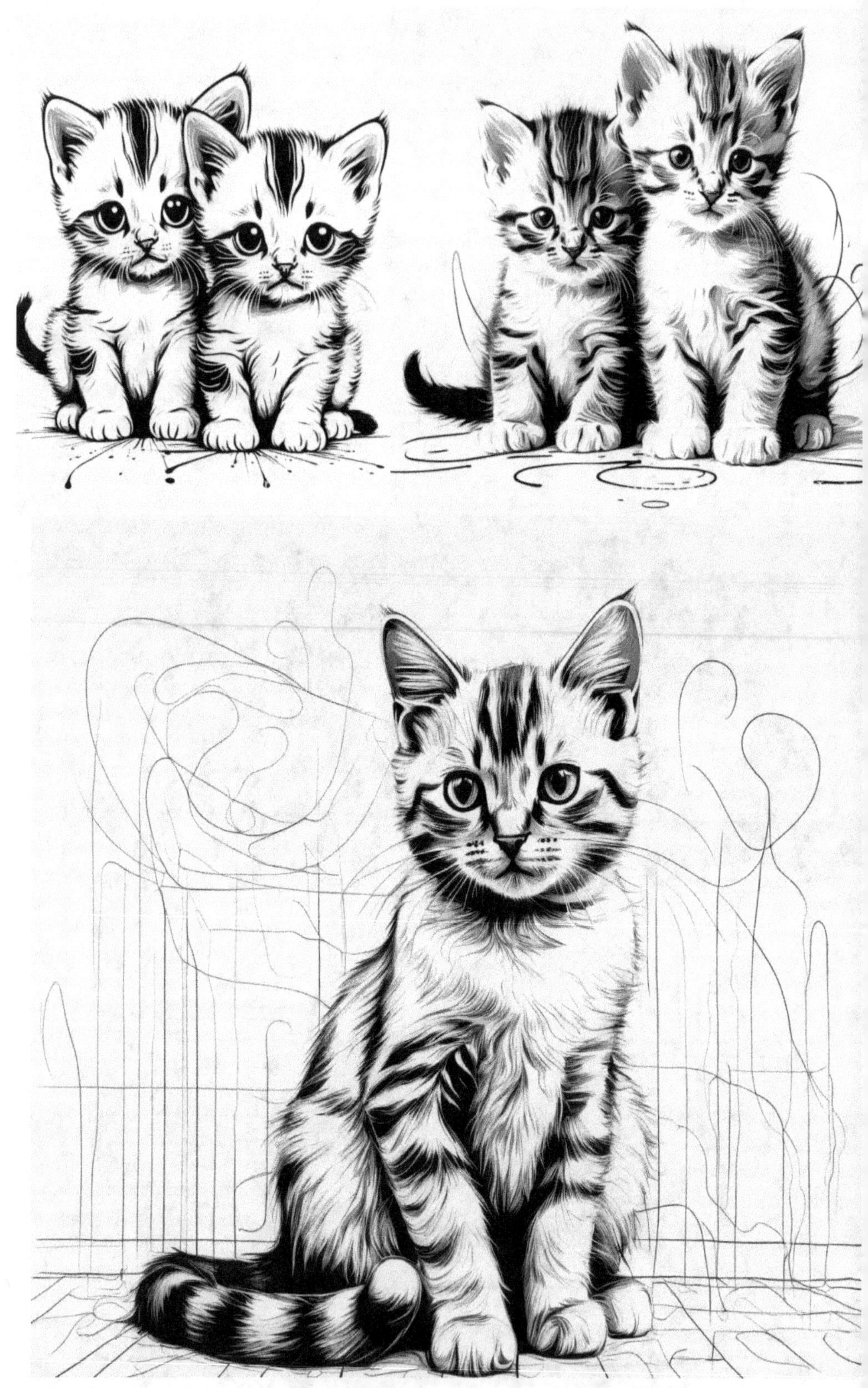

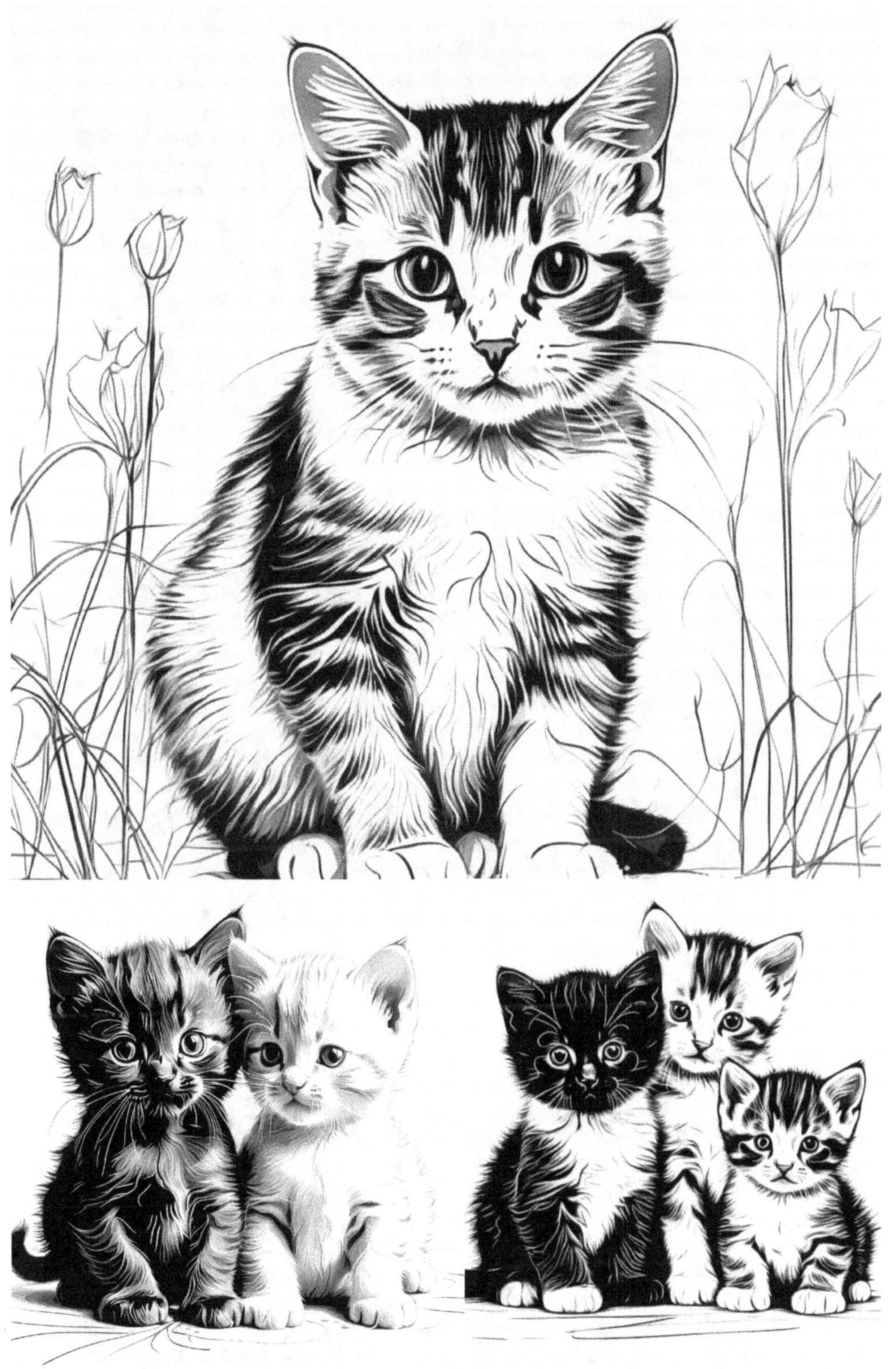

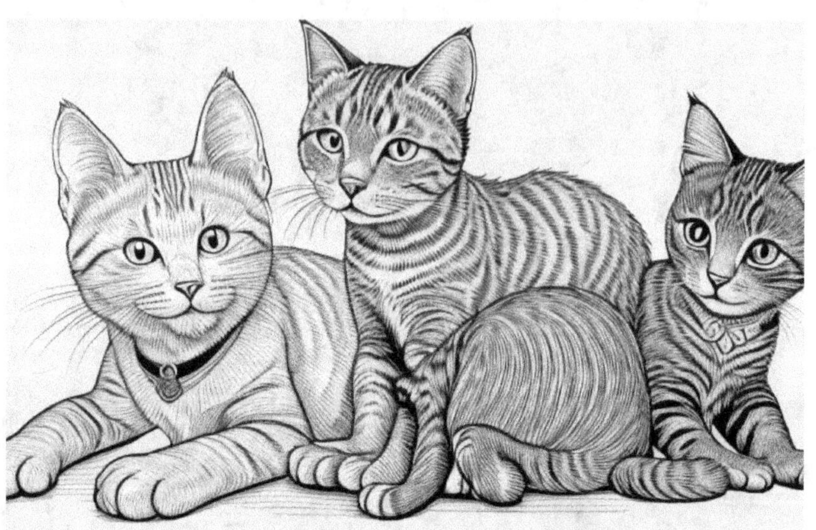

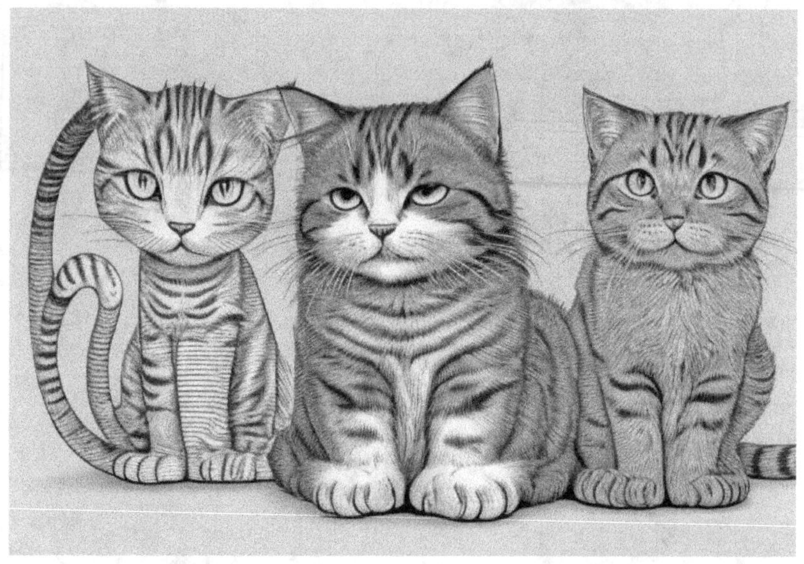

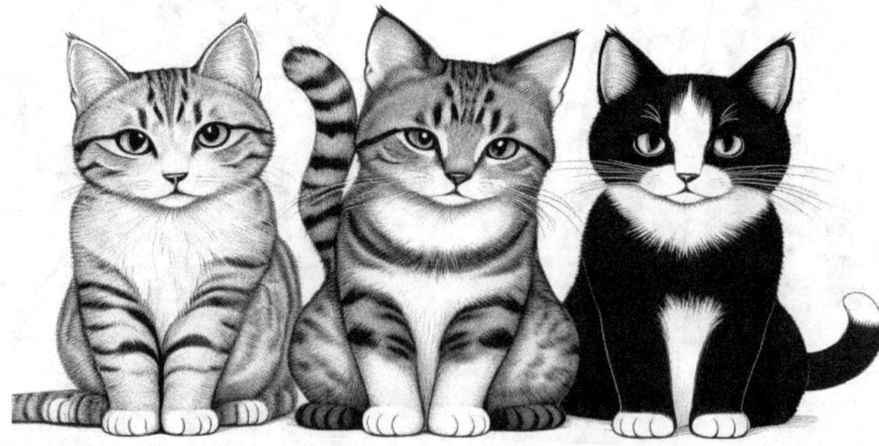

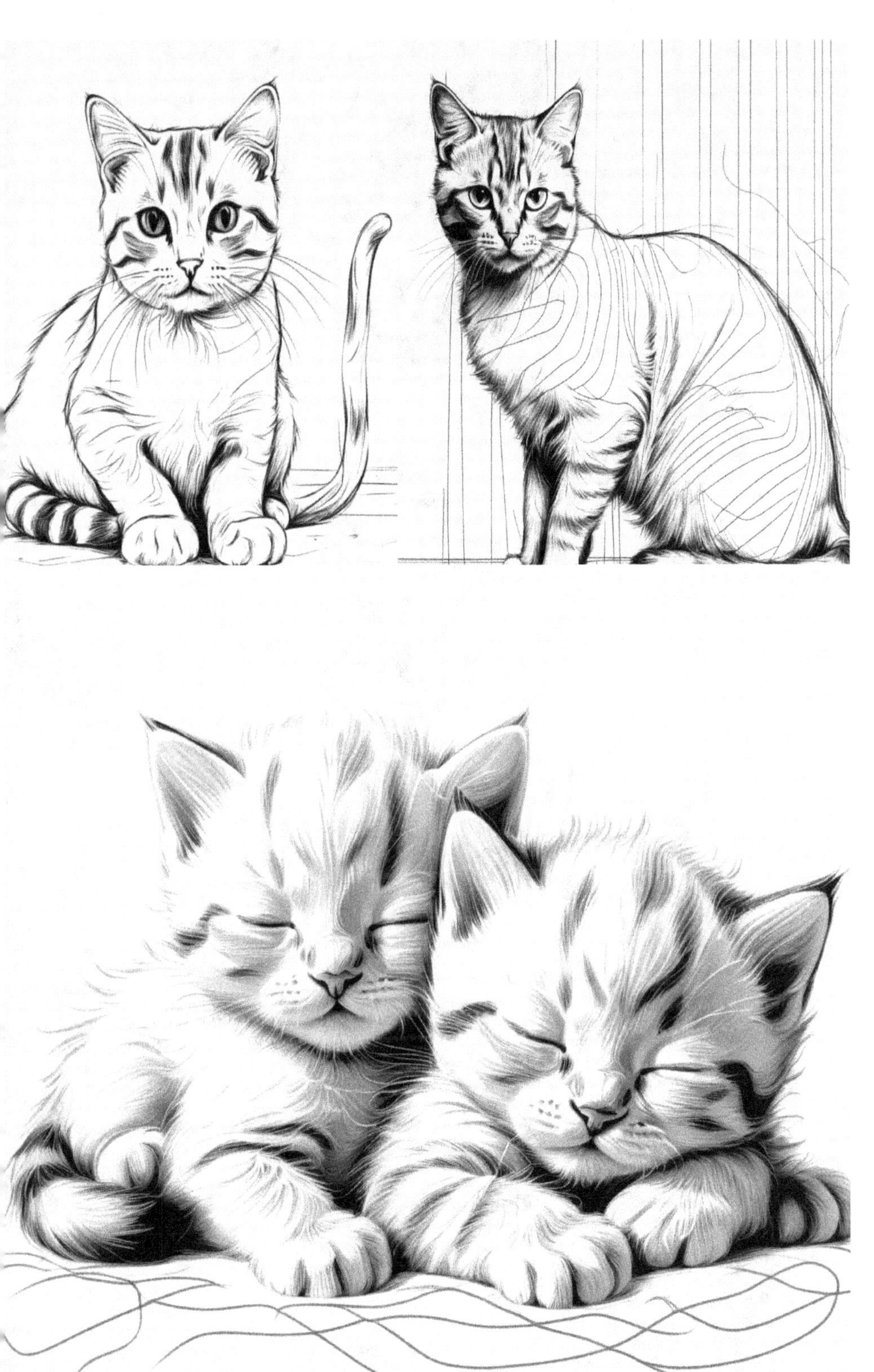

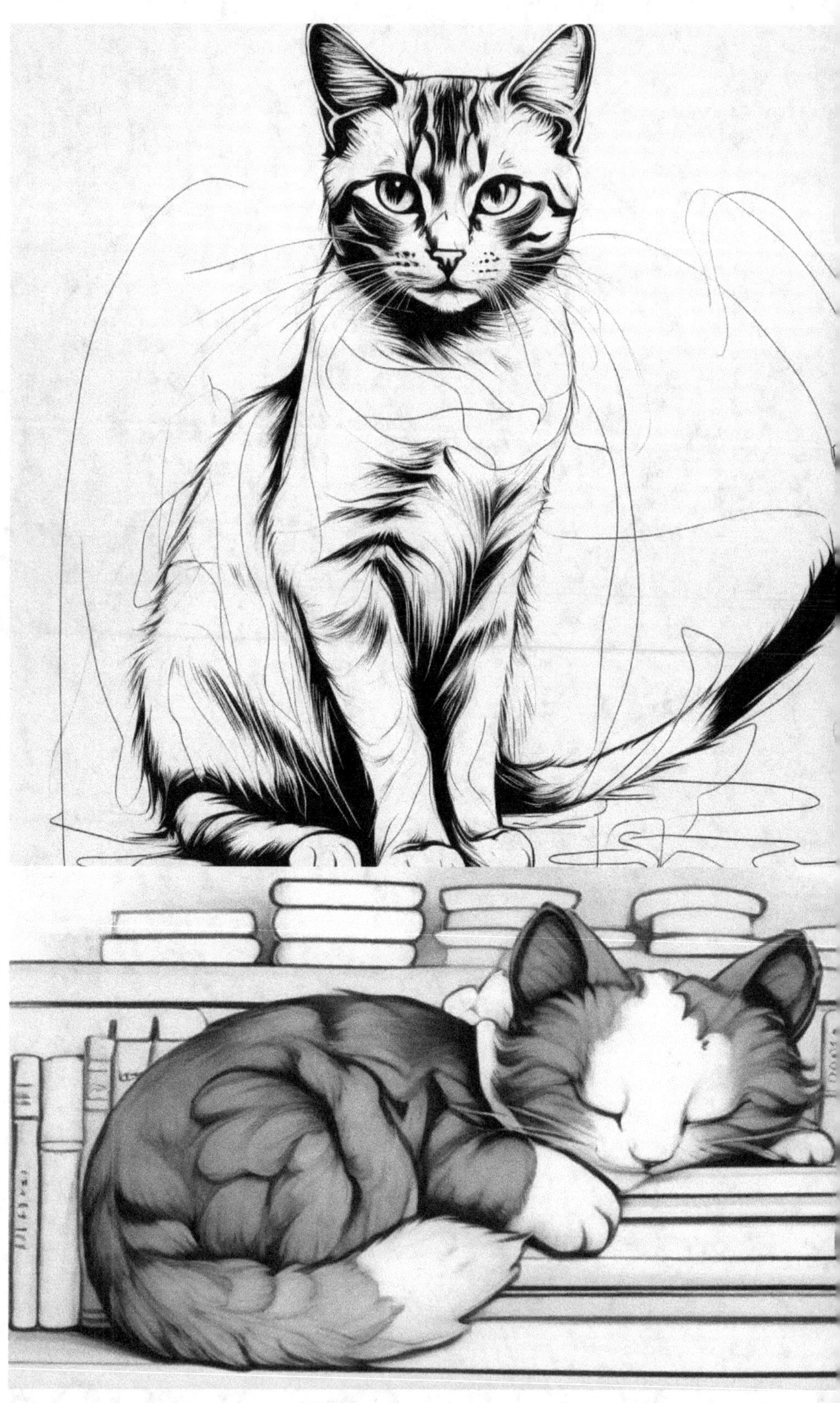

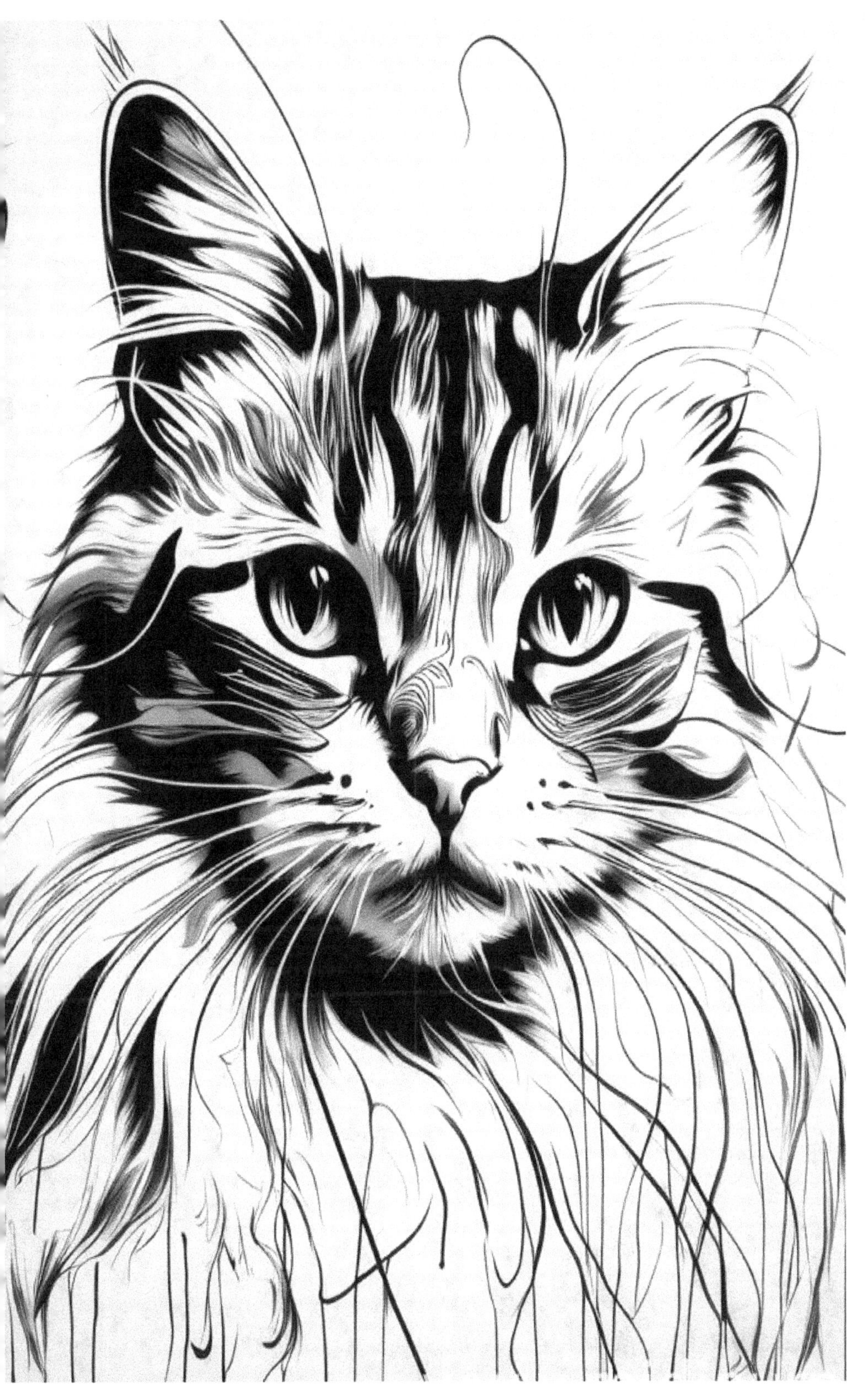

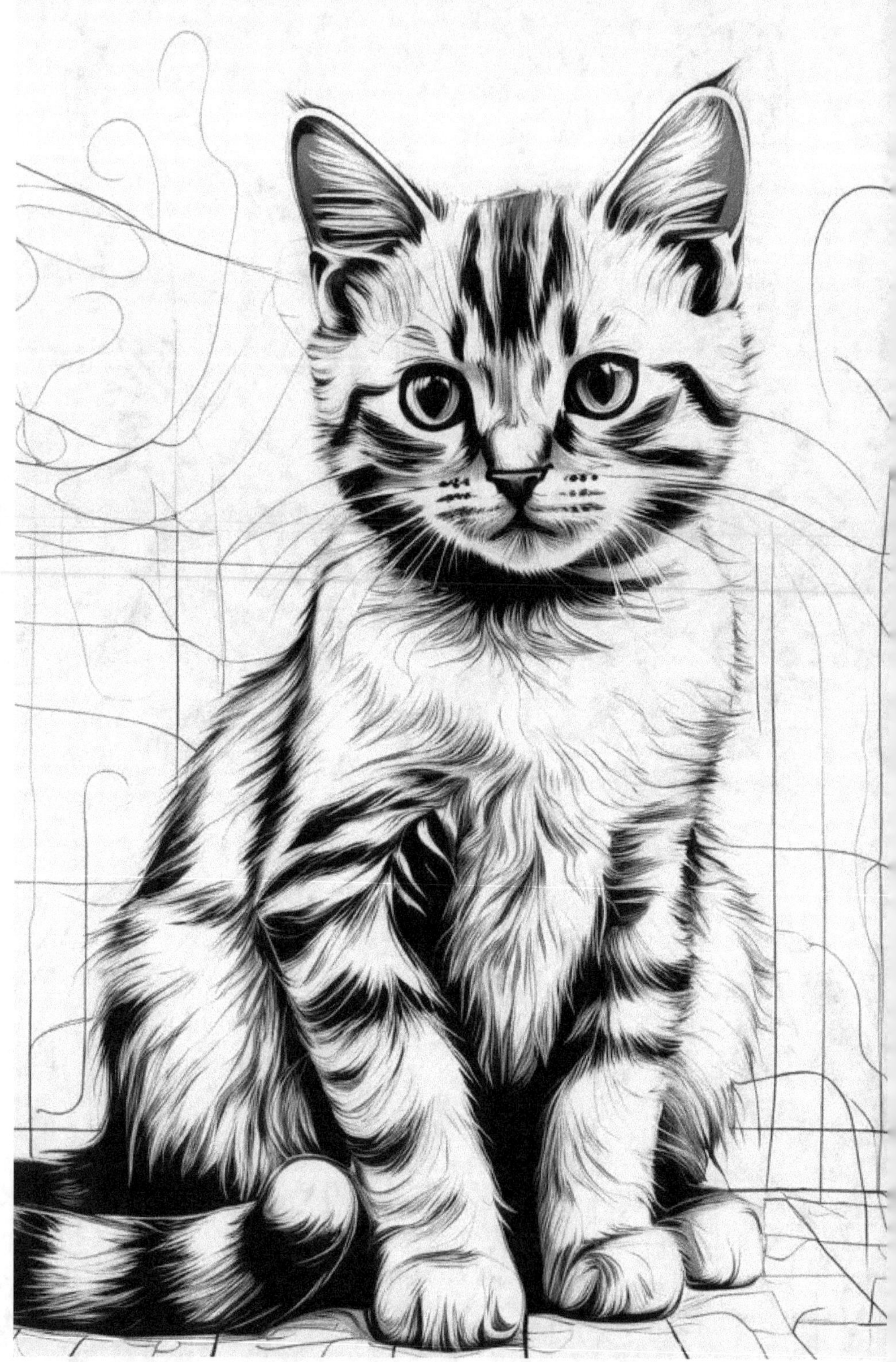

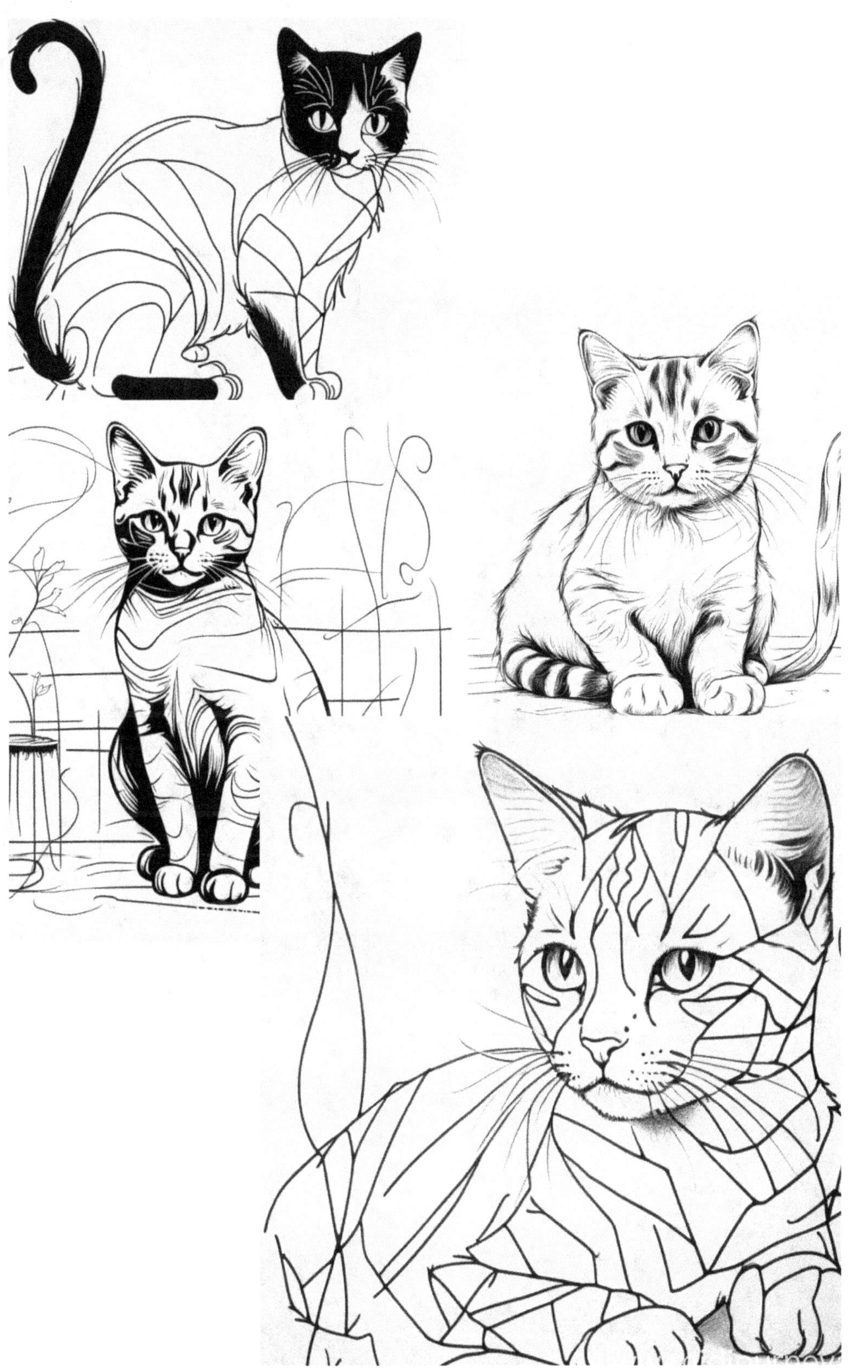

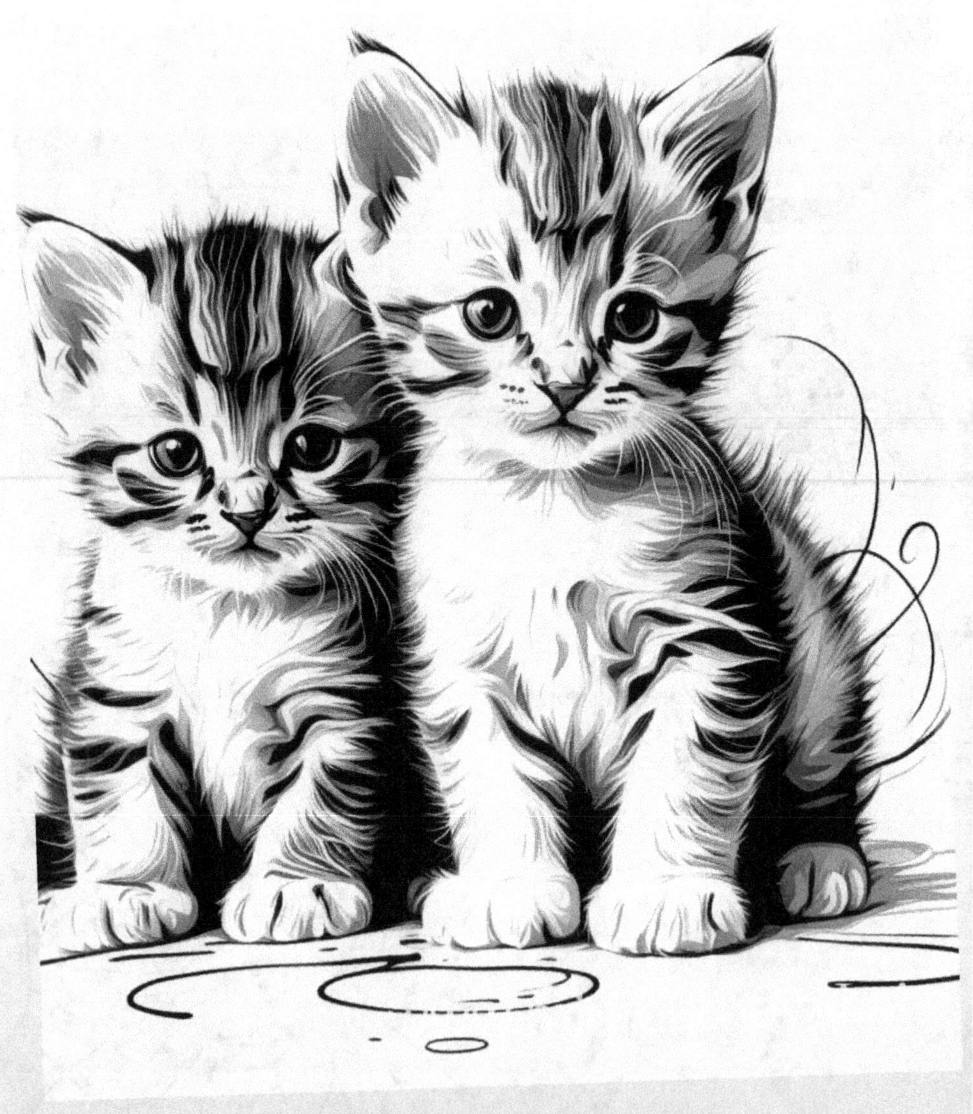

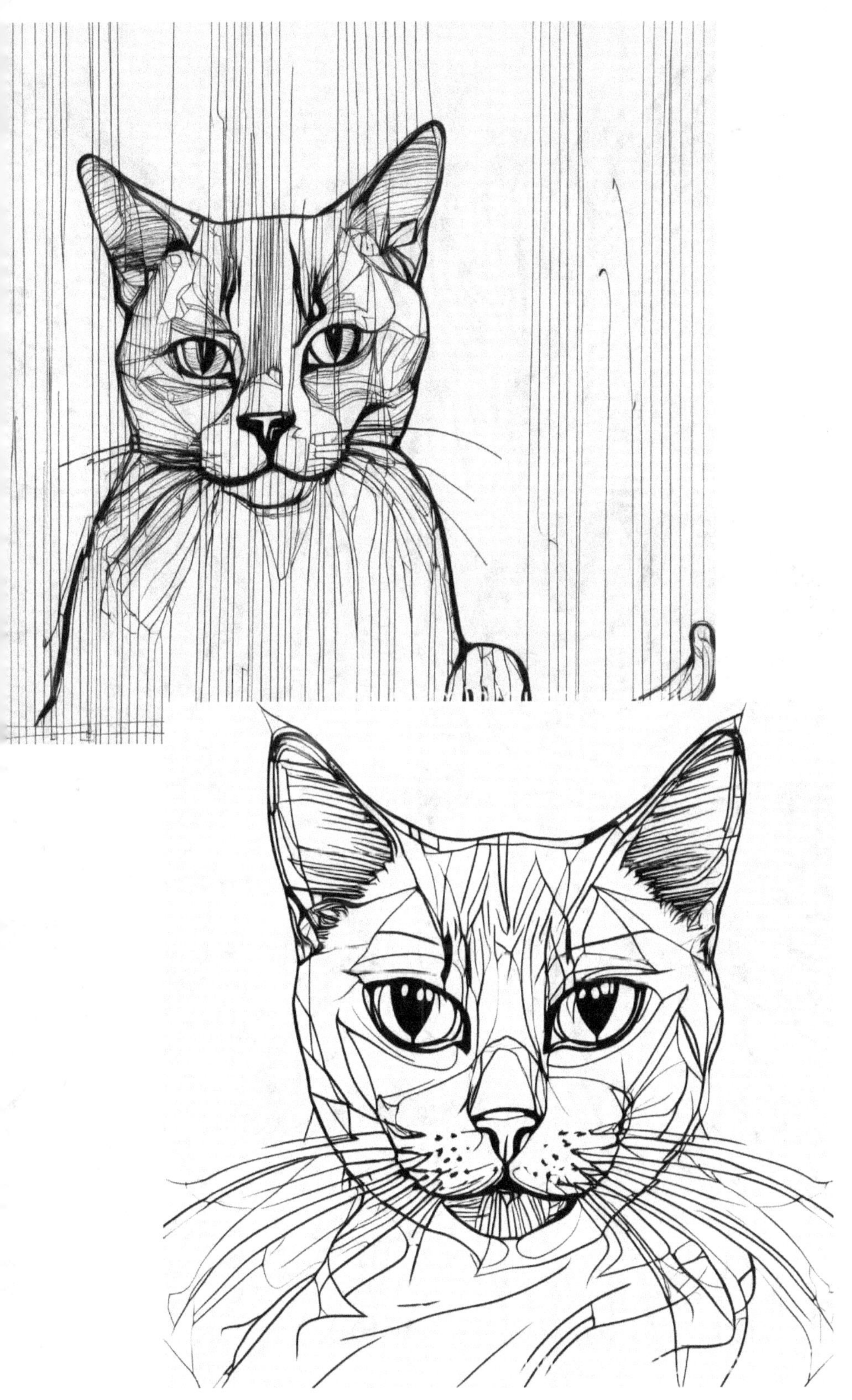

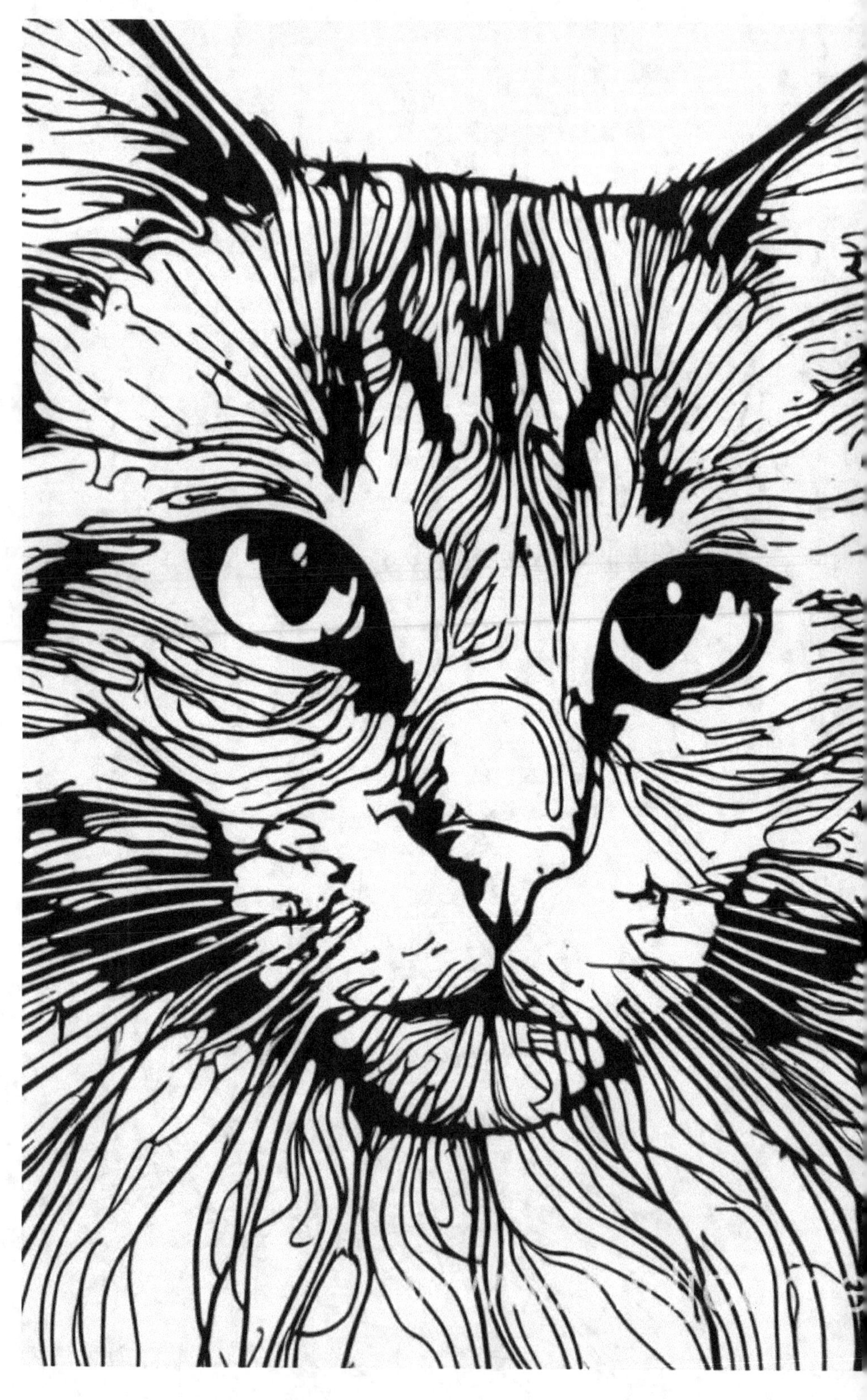

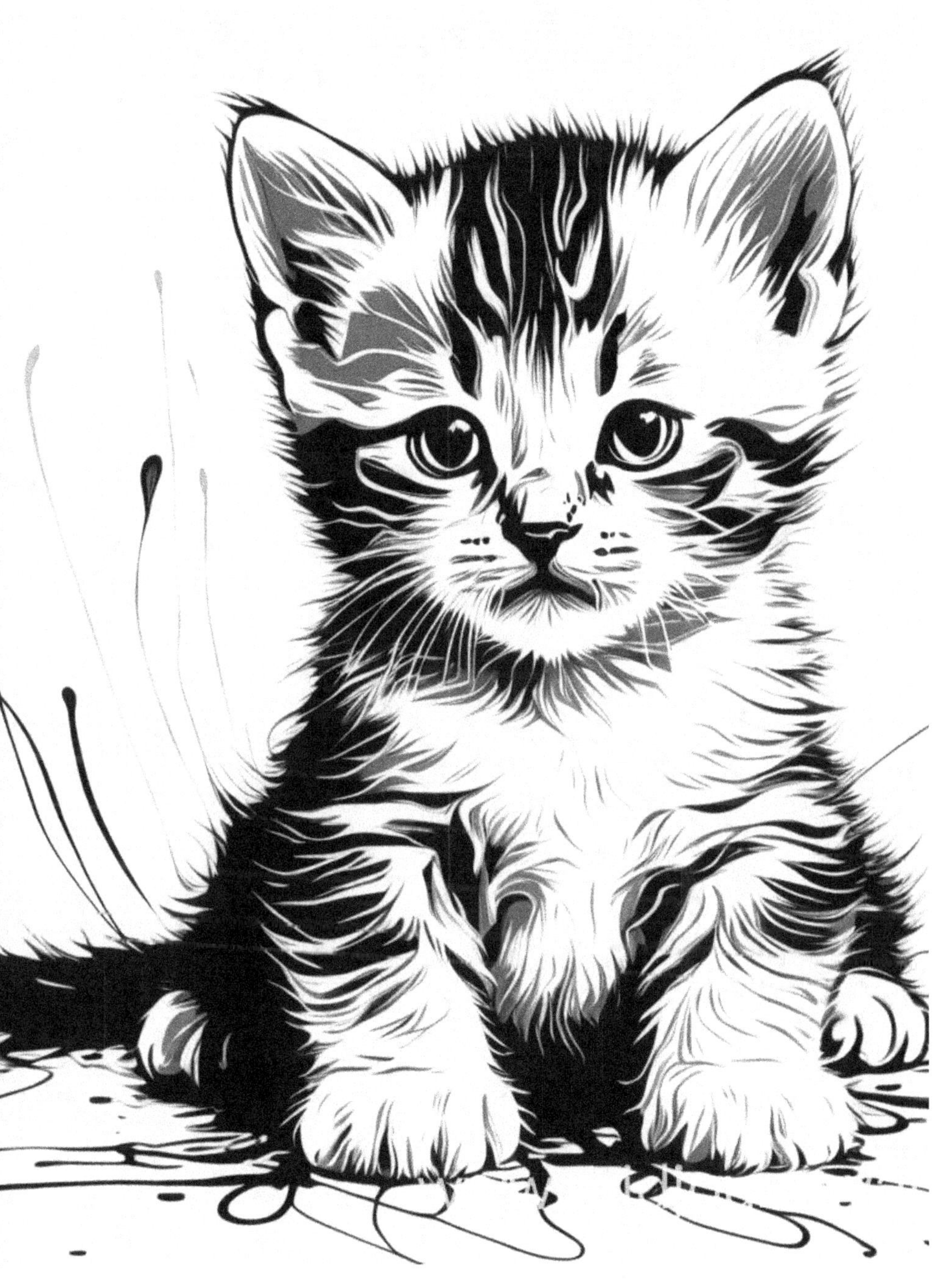

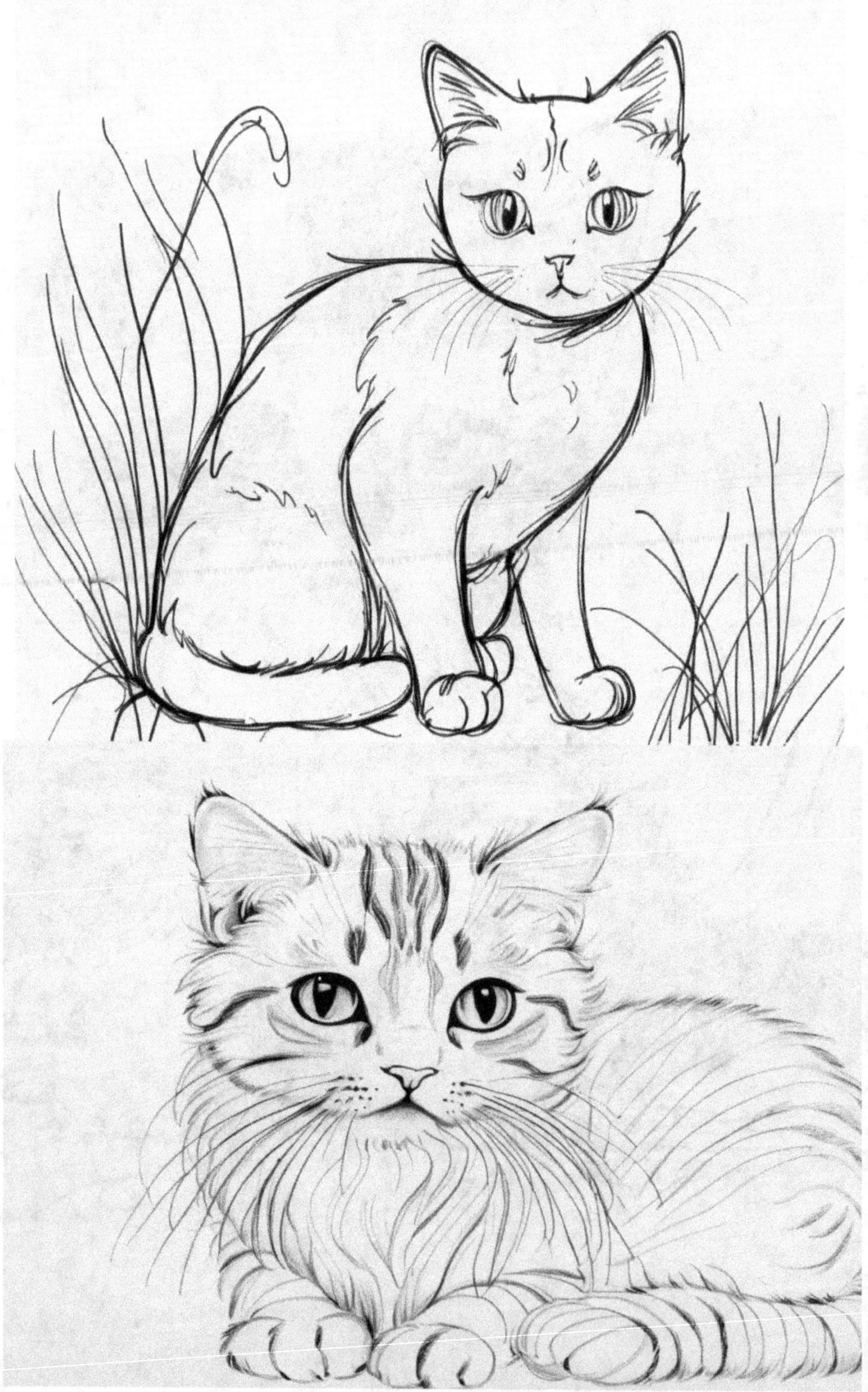

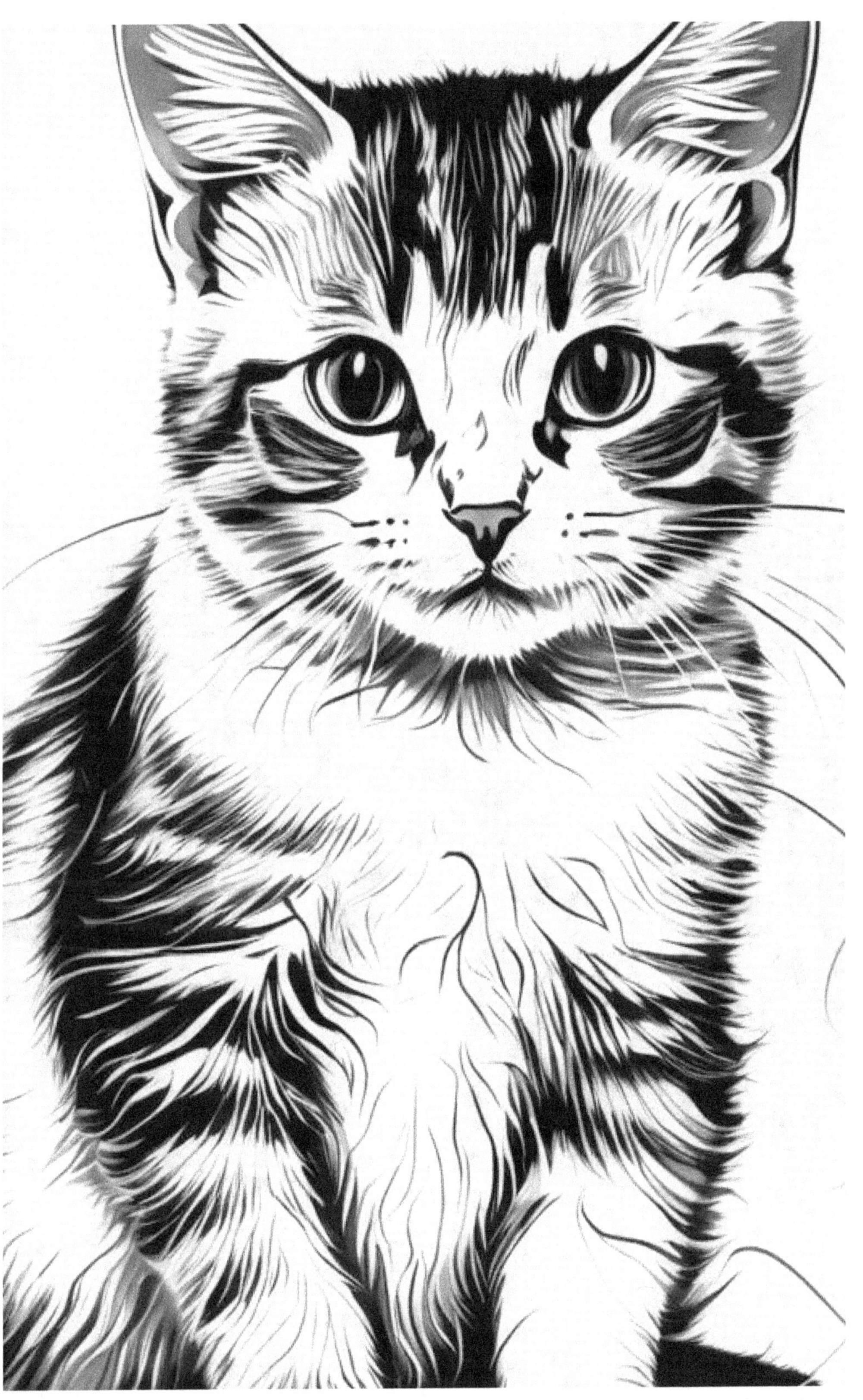

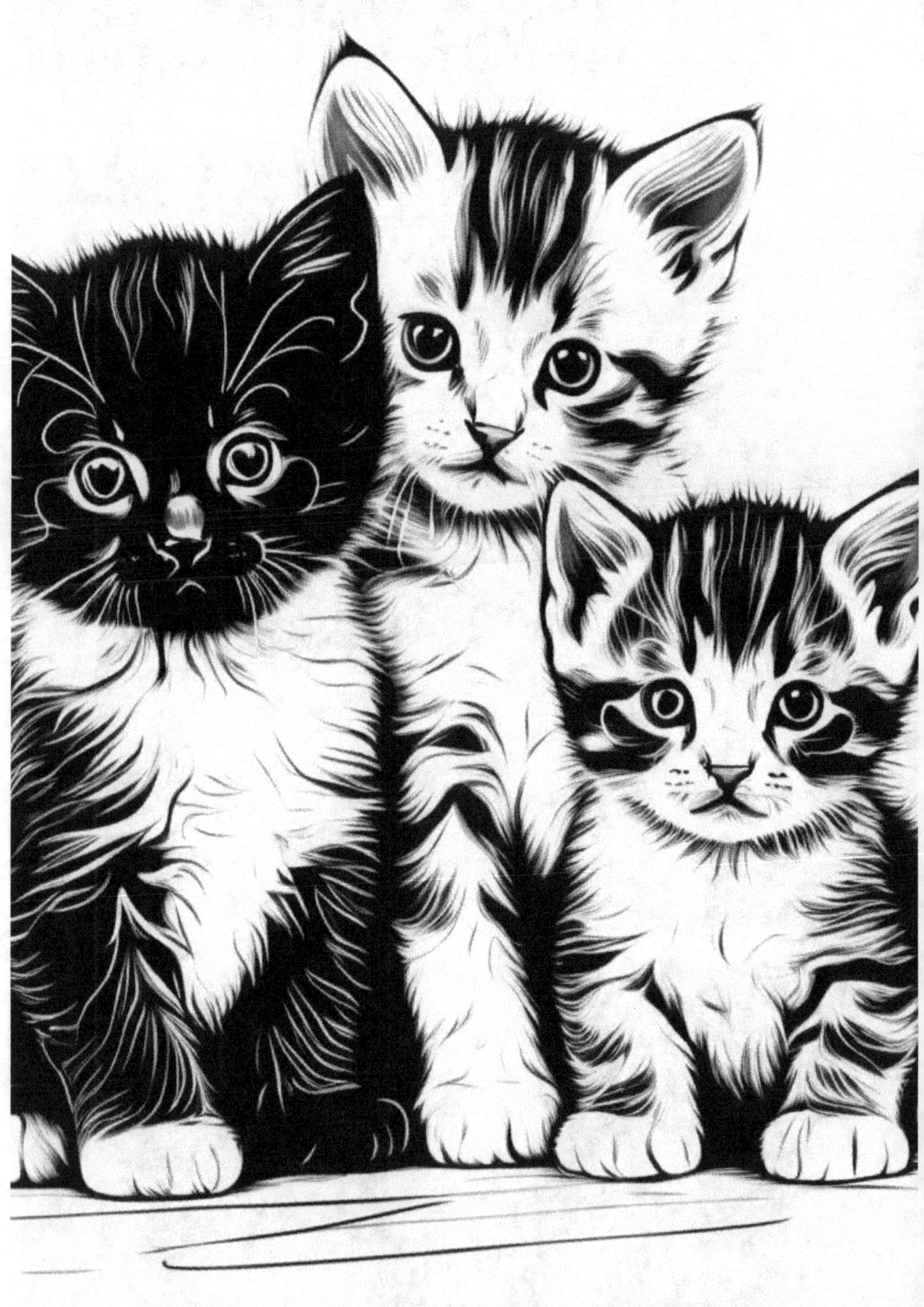

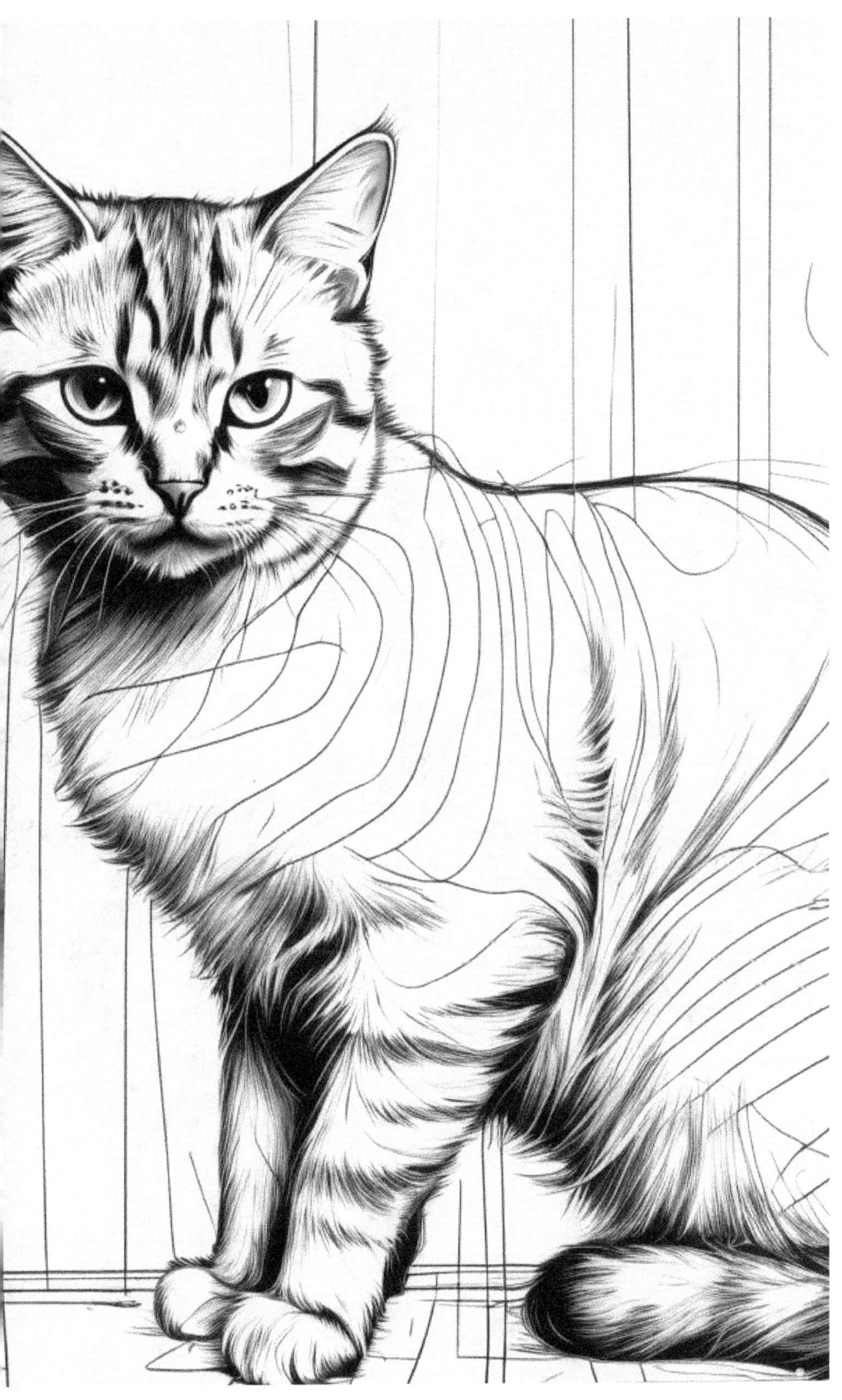

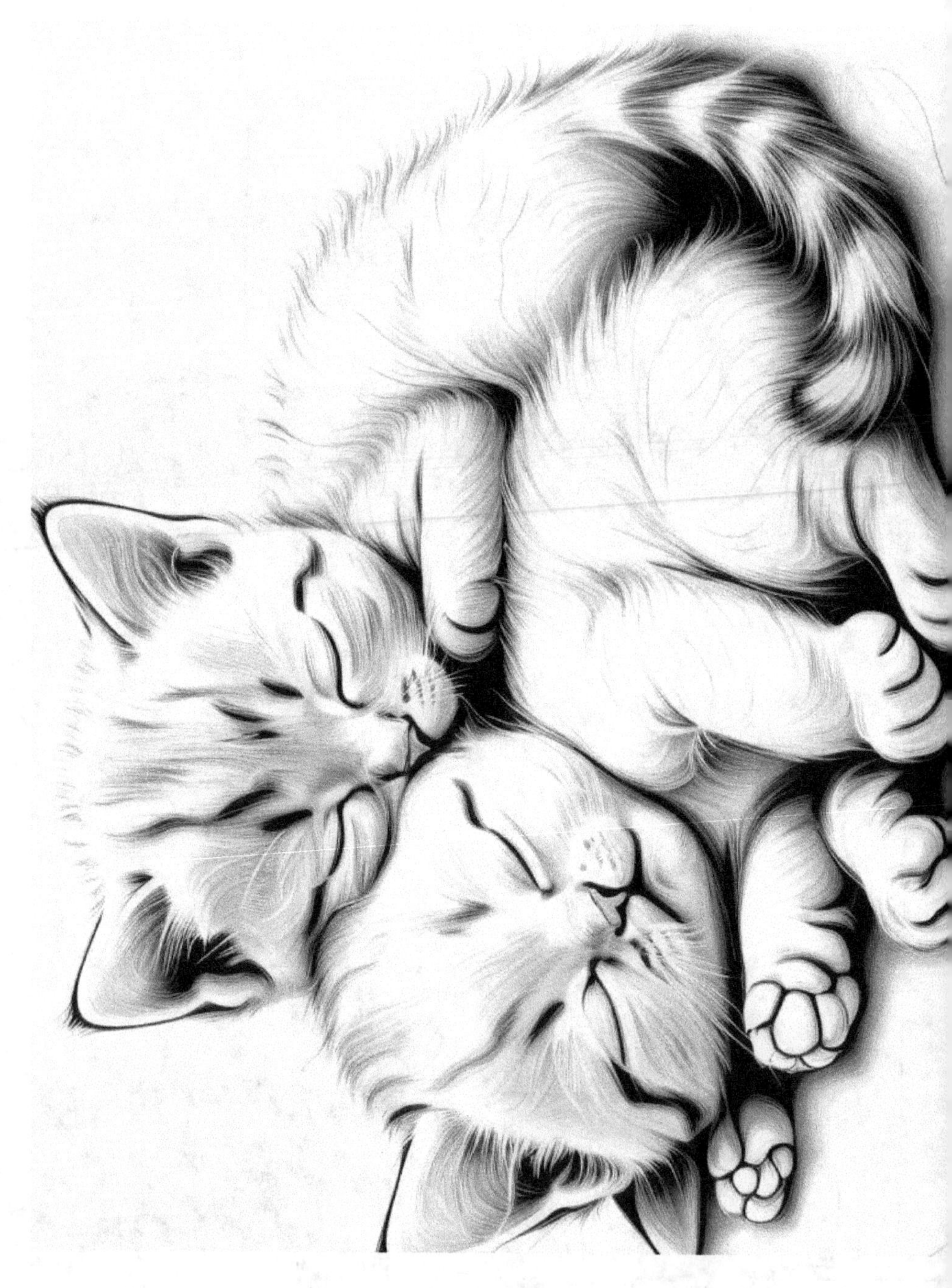

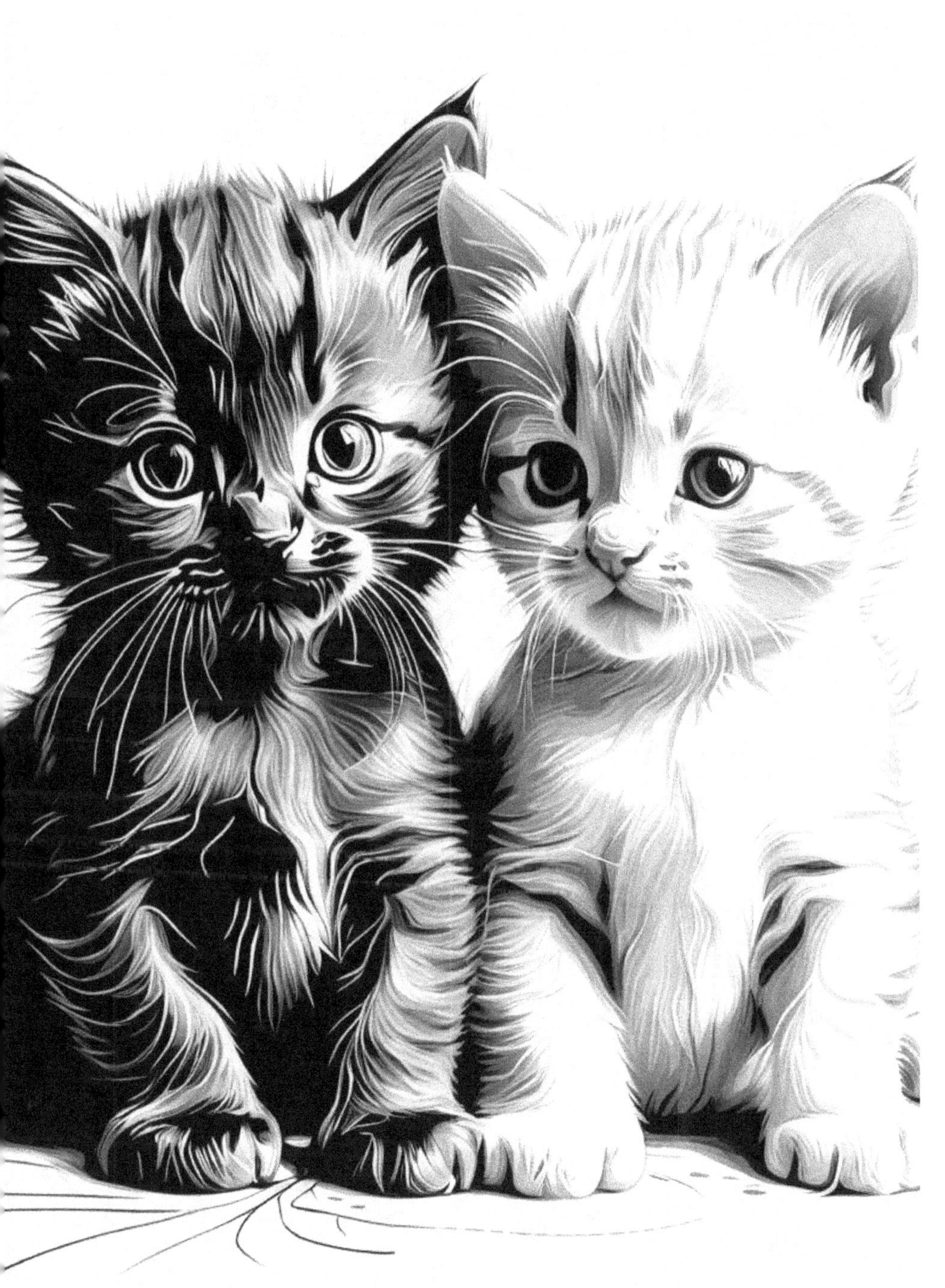

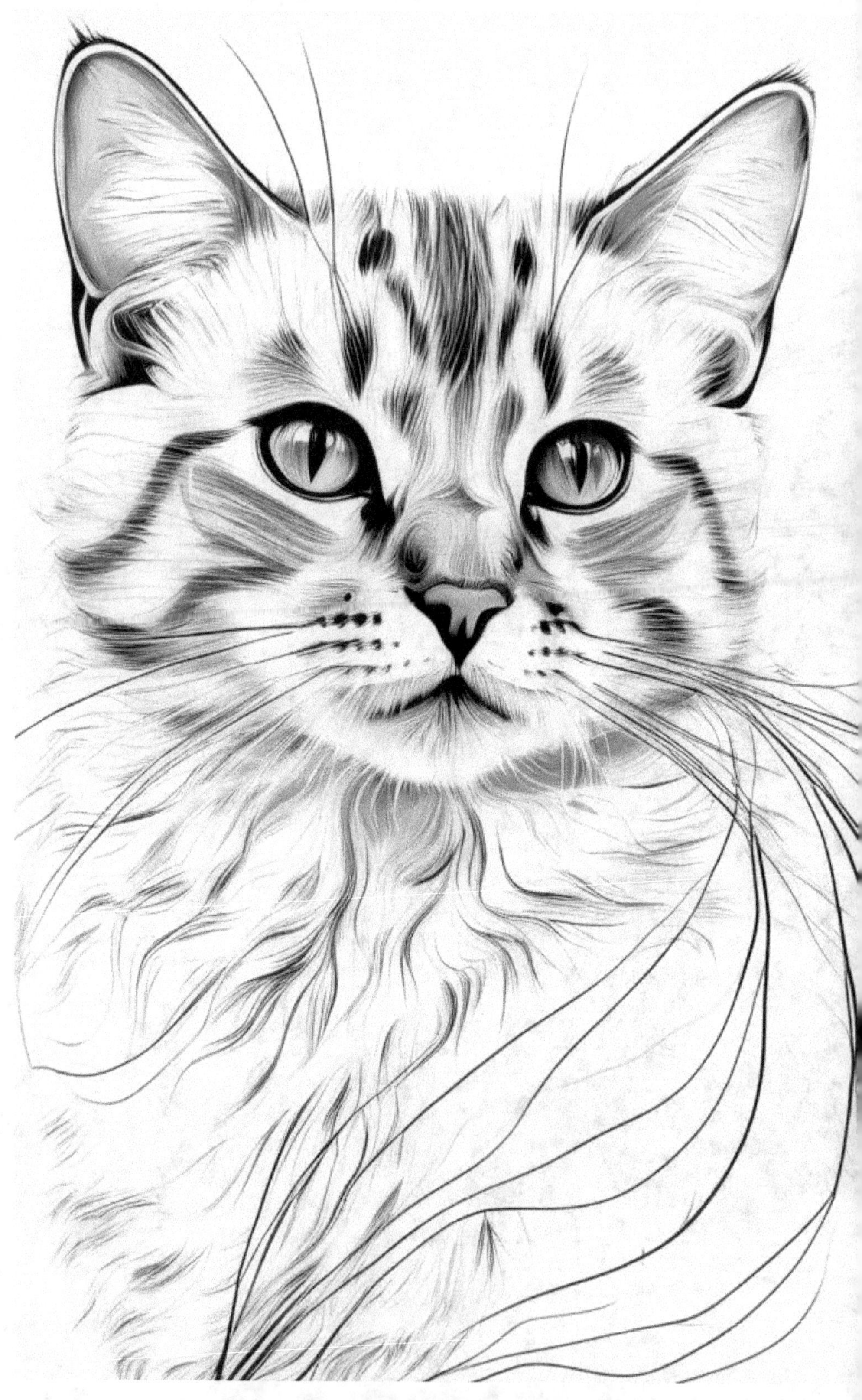

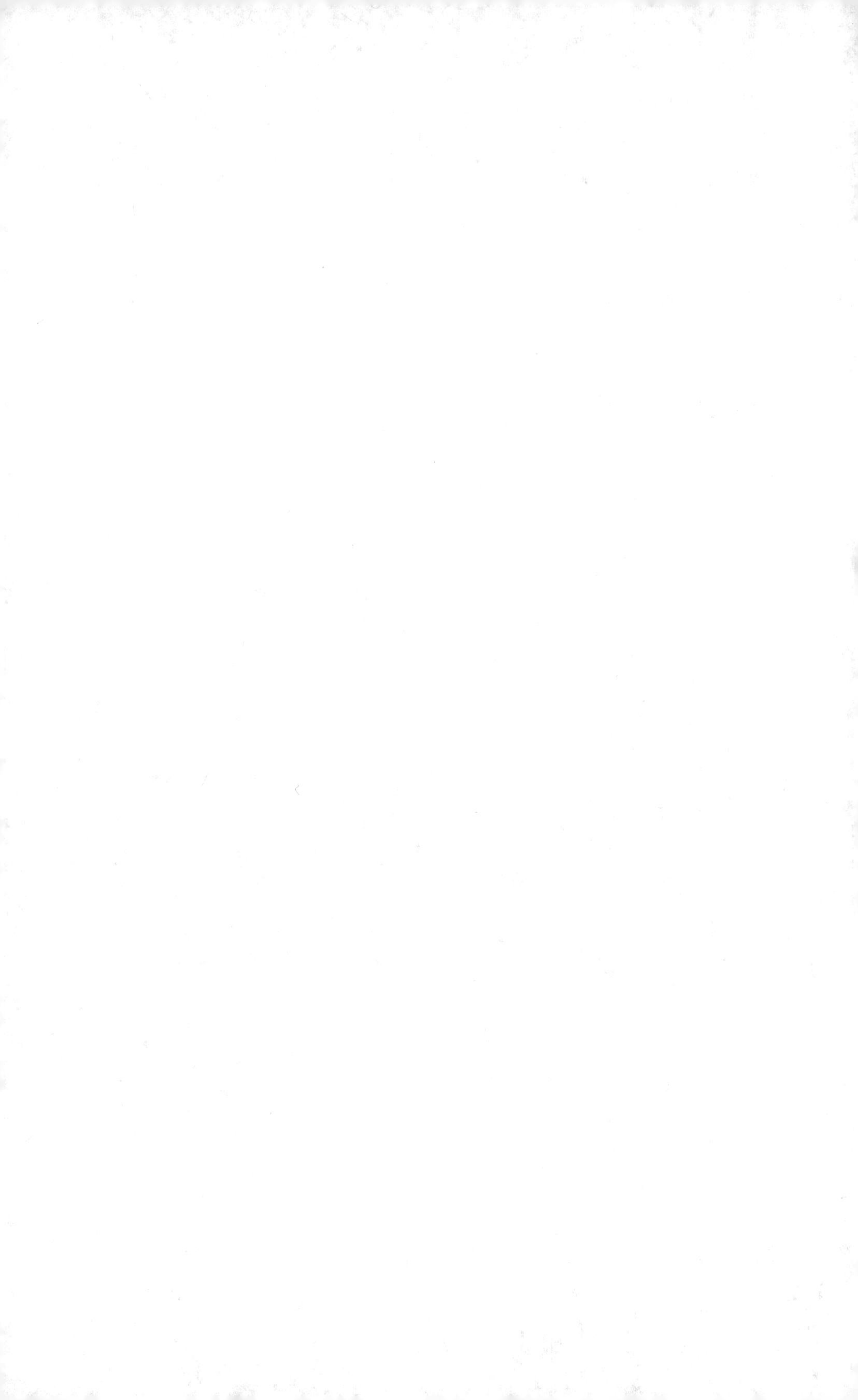